D1690513

Dieses Buch gehört:

Vielen Dank für den Kauf dieses Buches.

Durch frühes Vorlesen förderst du die Sprachentwicklung deines Kindes. Es stärkt die Bindung zu deinem Kind und es macht Spaß, gemeinsam kleine Abenteuer zu lesen. Kinder lernen beim Vorlesen spielerisch und ohne Druck. Es schult die Konzentration, fördert die Fantasie und macht Kinder schlau und empathisch.

ISBN 978-3-903420-26-7
1. Auflage 2023
© Mag. Barbara Lachner
Alle Rechte vorbehalten

www.barbaralachner.at

Tierische Einschulung

Eine Vorlesegeschichte über die aufregende Zeit des Schulstarts

Barbara Lachner

Inhalt

Endlich Schultierkinder!
Die Bauernhoftiere fiebern ihrem
Schulanfang entgegen   6

Ein wichtiger Brief   10

Die Tiere üben, ihren Namen zu
schreiben   14

Ein paar Tränen fließen   22

Abschied vom Kindergarten   27

Ein aufwühlender Tag geht zu Ende 32

Die Aufregung ist groß: Der erste
Schultag steht an!   38

Schule macht Spaß!   56

ENDLICH SCHULTIERKINDER! DIE BAUERNHOFTIERE FIEBERN IHREM SCHULANFANG ENTGEGEN

Es ist Sommer, und die Sonne scheint warm und hell vom wolkenlosen Himmel auf den Bauernhof der Familie Sonnenschein.
Für die beiden Kükenkinder Sigi und Gigi ist es der aufregendste und wichtigste Sommer ihres Lebens. Schon seit Anfang des Jahres fiebern die beiden der warmen Jahreszeit entgegen, denn in diesem Sommer werden sie endlich eingeschult.
Der Gedanke, Schulküken sein zu dürfen, erfreut Sigi und Gigi

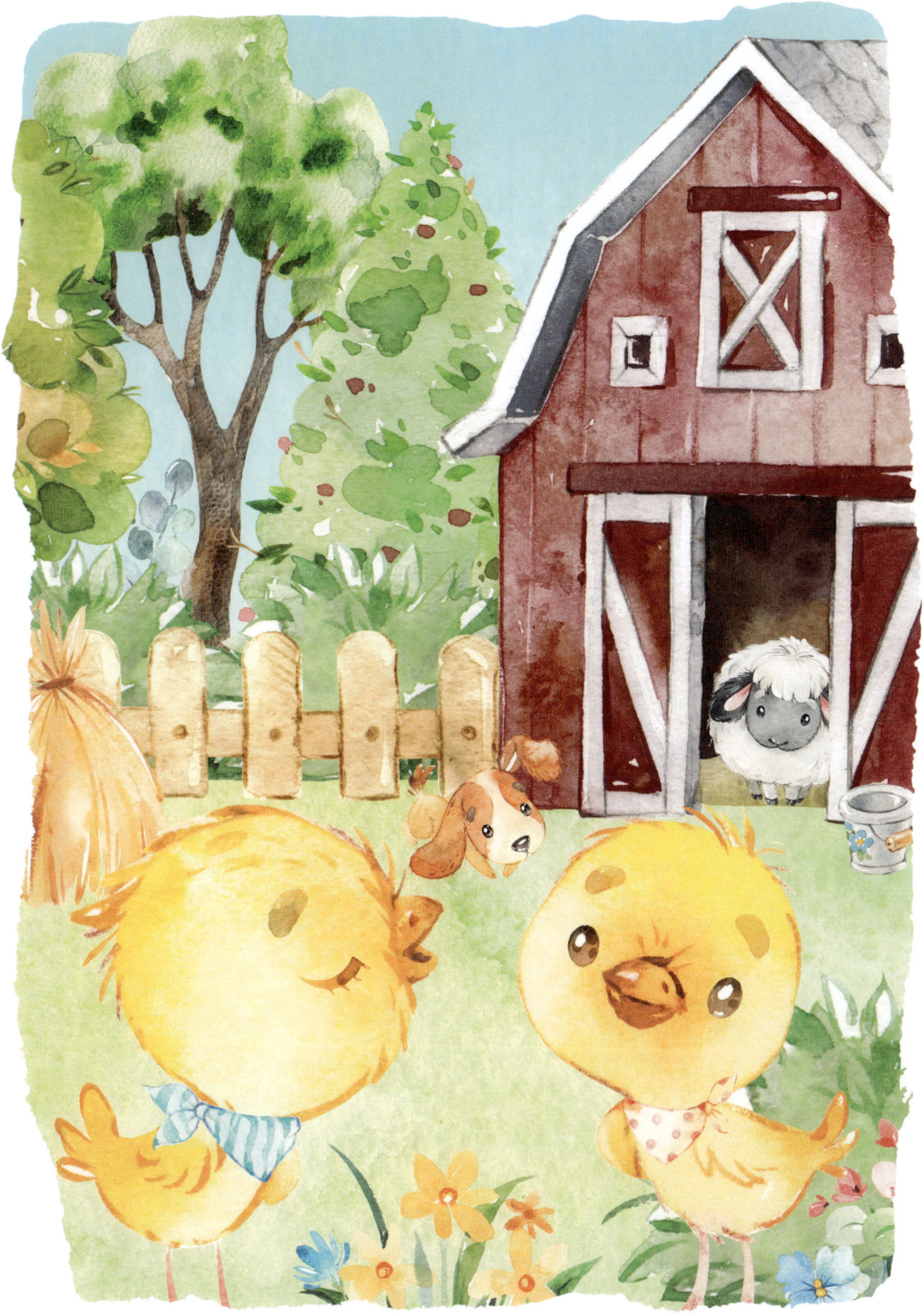

mit großer Begeisterung und mit unendlichem Stolz.

Ihr kleines Kükenherz schlägt bei diesem Gedanken aber auch gleich ein bisschen schneller.

Denn insgeheim haben Sigi und Gigi nämlich ein bisschen Angst.

„Was wird uns wohl in der Schule erwarten?", fragt das Küken Gigi seinen Bruder Sigi manchmal.

Und Sigi antwortet dann ganz lässig:

„Na, wir lernen lesen, schreiben und rechnen."
Dabei ist Sigi nicht immer so cool, wie er sich gibt.
Auch er sorgt sich manchmal und kann nachts nicht gut schlafen, weil er so aufgeregt ist. Ob die neue Lehrerin nett ist? Und ob sein bester Freund, das Schweinchen Karl, mit ihm in eine Klasse kommt?
So vergehen viele Sommertage, und die beiden Küken werden immer neugieriger und sind voller Vorfreude.
Es dauert nicht mehr lange bis zu ihrem großen Tag.
Schon bald ist Schulanfang!

EIN WICHTIGER BRIEF

An einem heißen Tag im Juli kommt Sigis und Gigis Mama, die Henne Gunda, mit einem kleinen Brief im Schnabel auf die beiden Kükenkinder zugestürmt.
Aufgeregt gackernd erzählt sie: „Hier ist ein Brief von der Schule für euch. Setzt euch hin, ich lese ihn euch vor!" Die beiden Küken picken gerade Körner aus der Wiese. Plötzlich halten sie inne. Mit großen Augen setzen sie sich eng nebeneinander und starren ihre Mama an. Diese räuspert sich noch einmal und beginnt dann zu lesen.

11

Liebe Kükenkinder Sigi und Gigi,
in zwei Wochen beginnt die Schule in der alten Scheune neben dem Bauernhof der Familie Sonnenschein. Hiermit lade ich euch herzlich zur Einschulung ein.
Zu eurem Schulanfang bekommt ihr eure Schultüte und euren Stundenplan. Gerne könnt ihr eure Eltern mitbringen. Bis es so weit ist, übt doch mit den anderen Schulanfängertieren schon einmal fleißig, euren Namen zu schreiben.
Ich freue mich schon sehr auf euch!

Mit lieben Grüßen
eure Lehrerin Lea, die Eule

Sigi platzt fast vor Stolz, doch ein bisschen bange wird ihm auch.

Denn natürlich hat er noch nicht gelernt, seinen Namen zu schreiben. Gigi neben ihm jubelt vor Freude. „Endlich kommen wir in die Schule!" Doch als Gigi Sigis nervöses Gesicht sieht, will das Küken von seinem Bruder wissen: „Was ist denn los? Du bist ein bisschen blass um den Schnabel!" Sigi druckst ein wenig herum, dann gibt er zu: „Ich kann meinen Namen noch nicht schreiben." Gigi lacht ihn nicht aus, sondern winkt nur ab. „Kein Problem! Wir trommeln jetzt erstmal alle anderen Schulanfängertiere zusammen und dann üben wir es gemeinsam."

DIE TIERE ÜBEN, IHREN NAMEN ZU SCHREIBEN

Gesagt, getan: Die beiden Kükenkinder begeben sich auf den Weg und spüren auf dem Bauernhof der Familie Sonnenschein nach und nach alle Tiere auf, die ebenfalls in die Schule kommen.

Zuerst führt sie ihr Weg in den Schweinestall. Dort sind auch die Schweinchen Karl, Karla, Karli und Karlo schon ganz aufgeregt. „Habt ihr auch einen Brief von der Lehrerin bekommen?", grunzen sie, als sie die beiden Kükenkinder entdecken.

Sigi und Gigi nicken und Sigi fragt

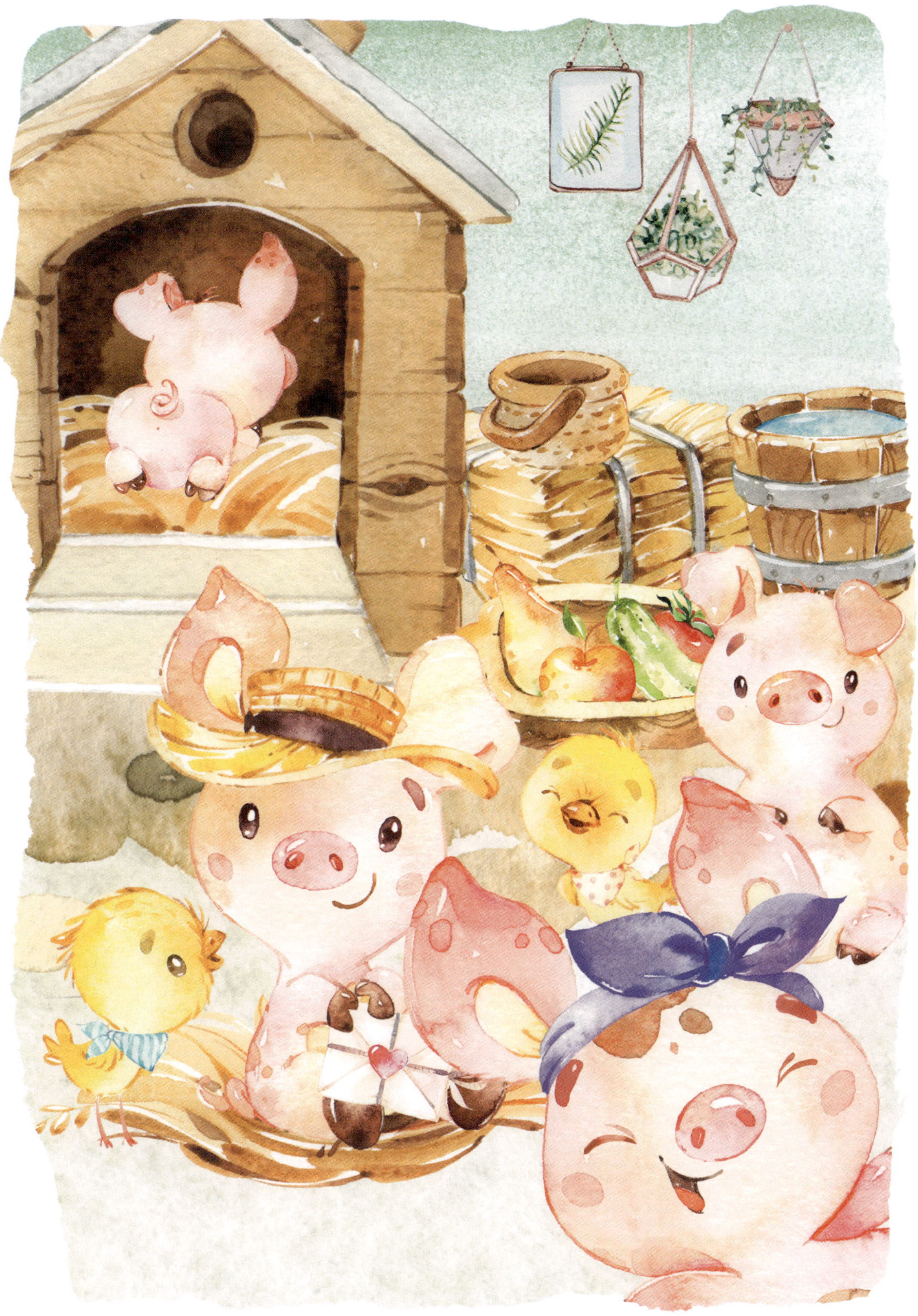

16

ein bisschen ängstlich: „Könnt ihr alle schon euren Namen schreiben?"
Alle vier Schweinchen nicken stolz. Sigis Herz rutscht ihm fast in die Hose. Ist er etwa das einzige Schulanfängertier, das seinen Namen noch nicht schreiben kann?
Doch Gigi tröstet ihn sofort und legt ihm einen Flügel um die Schulter.
„Kommt, wir suchen noch die anderen Schulanfängertiere und dann bringen wir Sigi bei, seinen Namen zu schreiben."
Wenig später haben sich alle Tiere, die in zwei Wochen Schulanfang feiern, auf der Kuhweide versammelt. Auch das Kätzchen

Tiger, die Schafe Flocke und Söckchen, die Kuh Belinda und die drei Mäusegeschwister Minny, Roxy und Pinky werden in diesem Sommer eingeschult. Sie bilden alle einen großen Kreis und schauen Sigi, der in ihrer Mitte steht, erwartungsvoll an. „Unsere Lehrerin Lea hat uns ja aufgefordert zu üben, unseren Namen zu schreiben. Wer von euch kann es denn noch nicht?", fragt das kleine Küken unsicher und blickt von einem zum anderen.

Erst meldet sich niemand, aber dann gehen doch zögernd einige Hände nach oben. Das Kätzchen Tiger, die Mäuse Roxy und Pinky und auch die

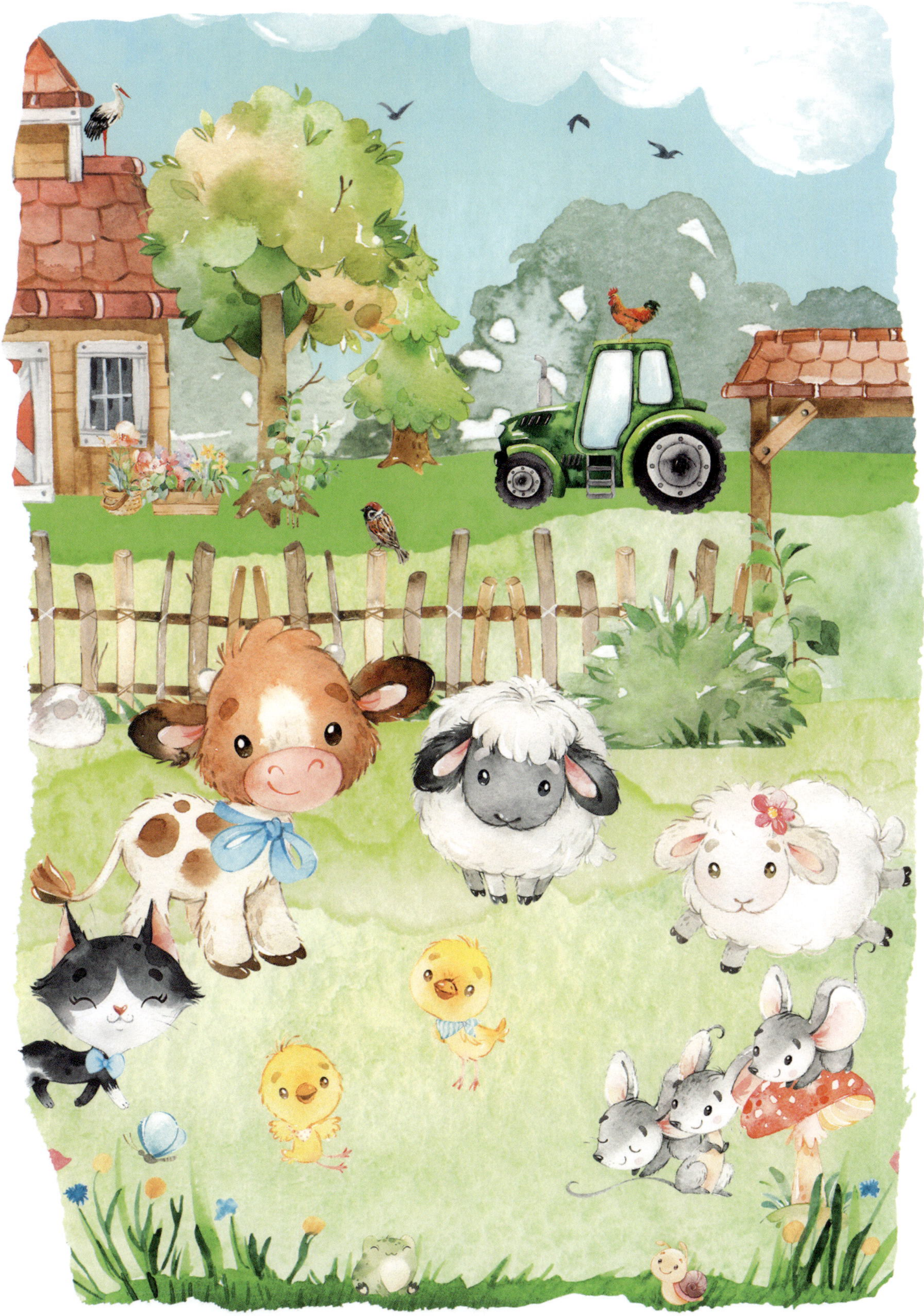

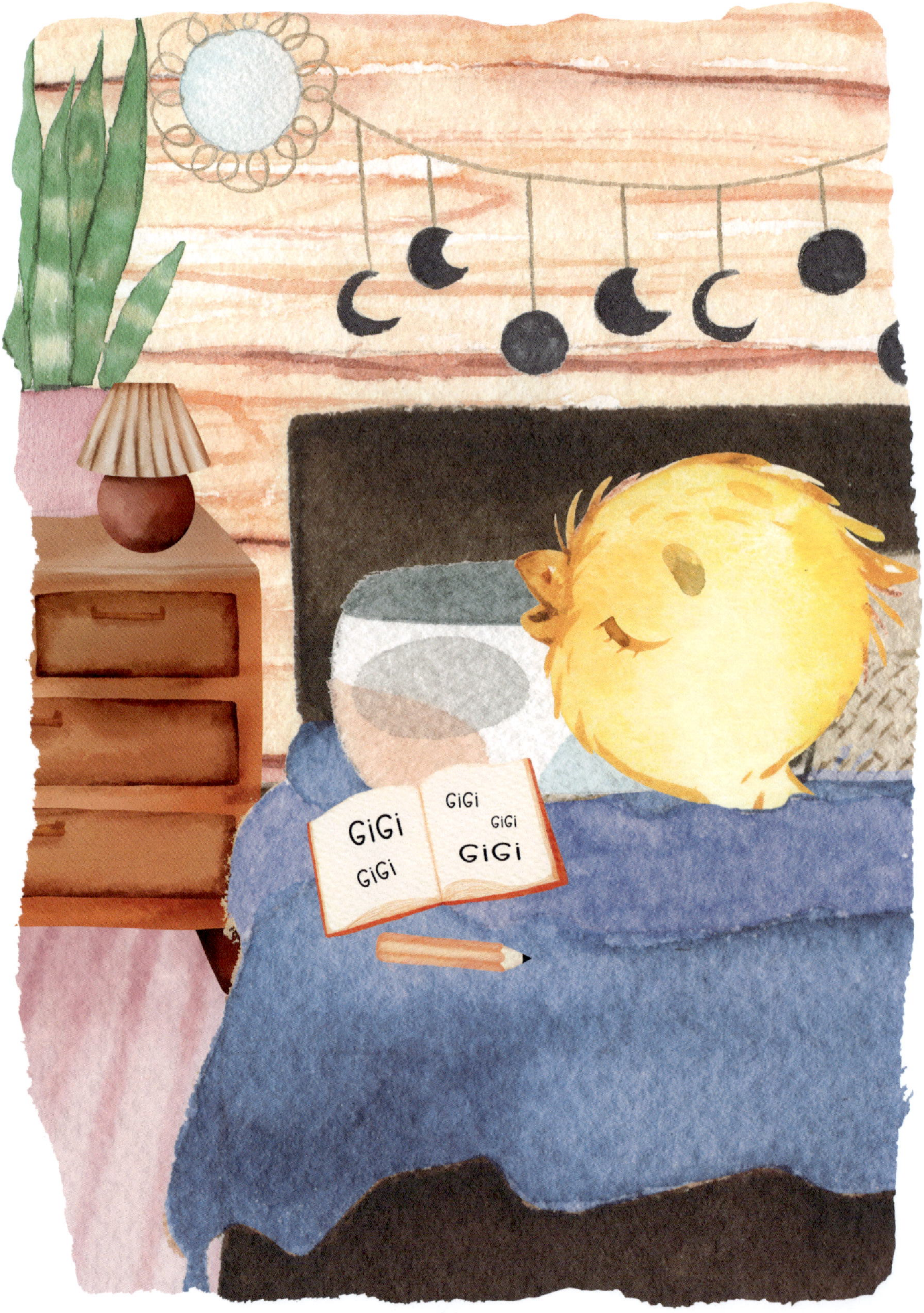
GiGi
GiGi
GiGi
GiGi
GiGi

Kuh Belinda geben zu, dass sie noch üben müssen. Sigi ist erleichtert, dass er doch nicht das einzige Tier ist, das noch nicht seinen Namen schreiben kann. „Na kommt, wir üben es gemeinsam!", fordert Sigi die anderen Tiere auf.
Und so lassen sich Sigi, Tiger, Roxy, Pinky und Belinda den Rest des Tages von den anderen Tieren zeigen, wie sie ihren Namen schreiben. Am Abend lässt sich Sigi erschöpft, aber auch glücklich in sein warmes Bett fallen.
Jetzt können alle Schulanfängertiere ihren Namen schreiben. Der Schulanfang kann kommen!

EIN PAAR TRÄNEN FLIESSEN

Doch bevor der erste Schultag kommen kann, steht noch der letzte Kindergartentag bevor. Schon als das Küken Sigi an diesem Tag die Augen aufschlägt, fühlt es eine tiefe Traurigkeit. Sigi ging so gerne in den Kindergarten. Er mochte seine Erzieherin, seine Kindergartenfreunde und den Spielplatz, auf dem er jeden Tag toben konnte.
Mit seinem tiefen Seufzen weckt Sigi auch Gigi auf. „Was ist los?", fragt Gigi. „Bist du traurig, weil heute der letzte Tag im Kindergarten ist?"
Sigi nickt, ohne ein Wort zu sagen,

weil ihm die Tränen in die Augen treten.

„Das verstehe ich schon. Ich werde den Kindergarten auch vermissen. Aber wir sind jetzt eben schon große Küken. Und zum Glück kommen wir ja nicht allein in die Schule, sondern ganz viele unserer Kindergartenfreunde auch."
Wieder nickt Sigi und fühlt sich schon ein bisschen besser.
Natürlich wird Sigi seine Erzieherin, die Kuh Lisa, vermissen. Ebenso auch seine kleinen Kindergartenfreunde, die noch nicht in die Schule gehen dürfen.
Aber die Freude, bald lesen, schreiben und rechnen zu können, überwiegt dann doch. Sigi weiß, dass

er in der Schule viele spannende, interessante und großartige Dinge lernen wird. Mit neuem Mut schwingt das kleine Küken seine Füße aus dem Bett.
Gemeinsam mit Gigi begibt Sigi sich auf den Weg in den Kindergarten.

26

ABSCHIED VOM KINDERGARTEN

Der allerletzte Kindergartentag wird gebührend gefeiert. Alle Tierkinder, die bald ihren ersten Schultag haben, werden von der Erzieherin namentlich aufgerufen. Jedes Schulanfängertier bekommt eine eigene, wunderschöne Schultasche mit einem Federpennal. Sigi ist erst ganz zum Schluss an der Reihe und ganz ungeduldig. Die anderen Bauernhoftiere wühlen schon in ihren Schultaschen und werfen Blicke in ihr Federpennal. Sigi würde gerne wissen, was dort alles drin ist und reckt seinen Hals ganz lang, als er endlich von seiner Erzieherin aufgerufen wird.

„Sigi, du bist dran!"

Aufgeregt läuft Sigi zu seiner geliebten Erzieherin Lisa und ist überglücklich, als er eine blaue Schultasche bekommt. Blau ist seine Lieblingsfarbe! Er bedankt sich und schaut sich sogleich sein Federpennal an.

Es ist blau mit weißen Punkten und darin sind Buntstifte in allen Farben des Regenbogens.

Sigi kann es kaum erwarten, mit diesen Stiften bald in der Schule bunte Bilder zu malen und natürlich

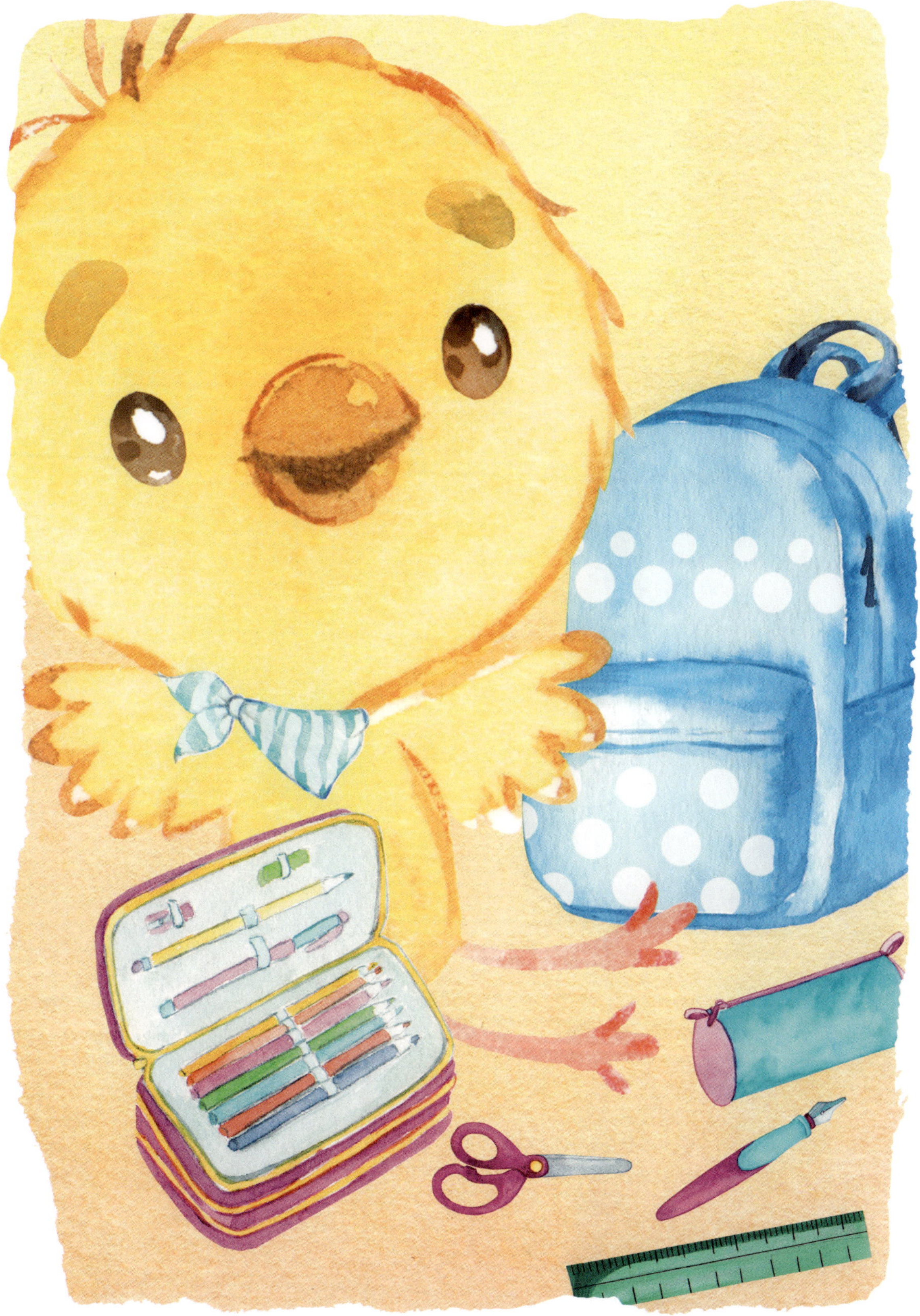

30

die ersten richtigen Worte zu schreiben.
Sobald alle Schulanfängertiere ihre Schultaschen und Federpennals erhalten haben, veranstalten die zukünftigen Schultierkinder ein paar lustige Spiele. Sie spielen Topfschlagen, Dosenwerfen und Eierlauf.
Auch Sackhüpfen und Tauziehen stehen auf dem Programm. Die beiden Schafe Flocke und Söckchen mähen zusammen ein lustiges Lied, und alle anderen Tierkinder schunkeln im Takt dazu.

EIN AUFWÜHLENDER TAG GEHT ZU ENDE

Am Ende des Tages sagt das Kätzchen Tiger ein kleines Gedicht über den bevorstehenden neuen Lebensabschnitt auf:

„Vorbei ist unsere Kindergartenzeit,

der Schulbeginn ist nicht mehr weit.

Wir können alle schon unseren Namen schreiben,

doch dabei wird es ganz sicher nicht bleiben.

Rechnen, lesen und schreiben wird hier

nämlich sicher ganz bald jedes Tier.

Die Zeit im Kindergarten gefiel uns sehr

und deshalb fällt der Abschied schwer.

Dennoch blicken wir mit Freude nach vorn und freuen uns auf die Schule enorm."

Nachdem Tiger sein Gedicht beendet hat, rollen tatsächlich ein paar kleine Tränen über Sigis Wangen.
Als er sie verstohlen wegwischt und sich umblickt, sieht er, dass auch die anderen Tiere sehr gerührt sind.

Denn nun ist es wirklich so weit:
Es wird Zeit für den Abschied von der Erzieherin Lisa und den Tierkindern, die noch weiter im Kindergarten bleiben.
Nach und nach geht jedes Schulanfängertier zur Kuh Lisa, bedankt sich für die schöne Zeit und lässt sich von ihr knuddeln.

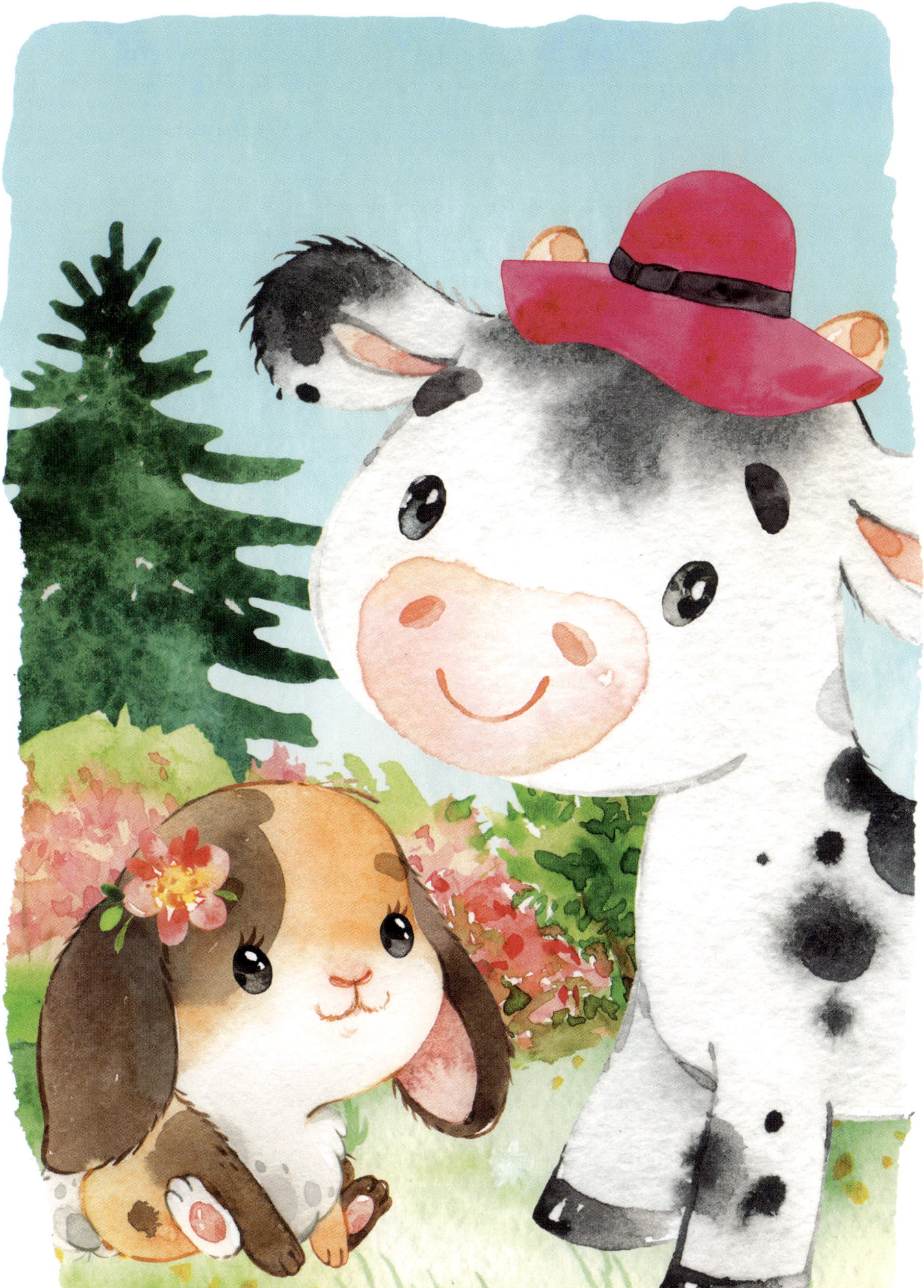

Zum Schluss ist Sigi an der Reihe. Seine Erzieherin Lisa nimmt ihn fest in die Arme und sagt:
„Ich wünsche dir alles Glück dieser Welt für deine Zukunft. Ich bin mir sicher, du wirst ein gutes

Schultierkind werden, schnell lernen und deine Lehrerin immer froh machen." Wieder verdrückt Sigi ein paar Tränchen, doch er lächelt auch.
„Vielen Dank, Lisa, ich werde dich vermissen."
„Du kannst mich jederzeit besuchen kommen, Sigi."
Nachdem sich alle voneinander verabschiedet haben, gehen die beiden Kükenkinder Sigi und Gigi gemeinsam nach Hause.
Ein schöner, aber auch aufwühlender Tag ist vorbei.
Nun können sich beide Küken voll und ganz auf den Beginn ihrer Schulzeit freuen.

DIE AUFREGUNG IST GROSS: DER ERSTE SCHULTAG STEHT AN!

Endlich Endlich ist der große Tag gekommen: Der allererste Schultag steht für die Bauernhoftierkinder an! Schon früh am Morgen laufen Sigi, Gigi und ihre Mama Gunda aufgeregt gackernd und schnatternd im Stall hin und her. Sie bürsten ihr Gefieder, ziehen ihre schönsten Gewänder an und üben noch ein letztes Mal, ihren Namen zu schreiben. Dann packen sie ihre Schultasche und das Federpennal zusammen.
„Wir müssen los", gackert Mama Gunda und treibt ihre Kükenkinder

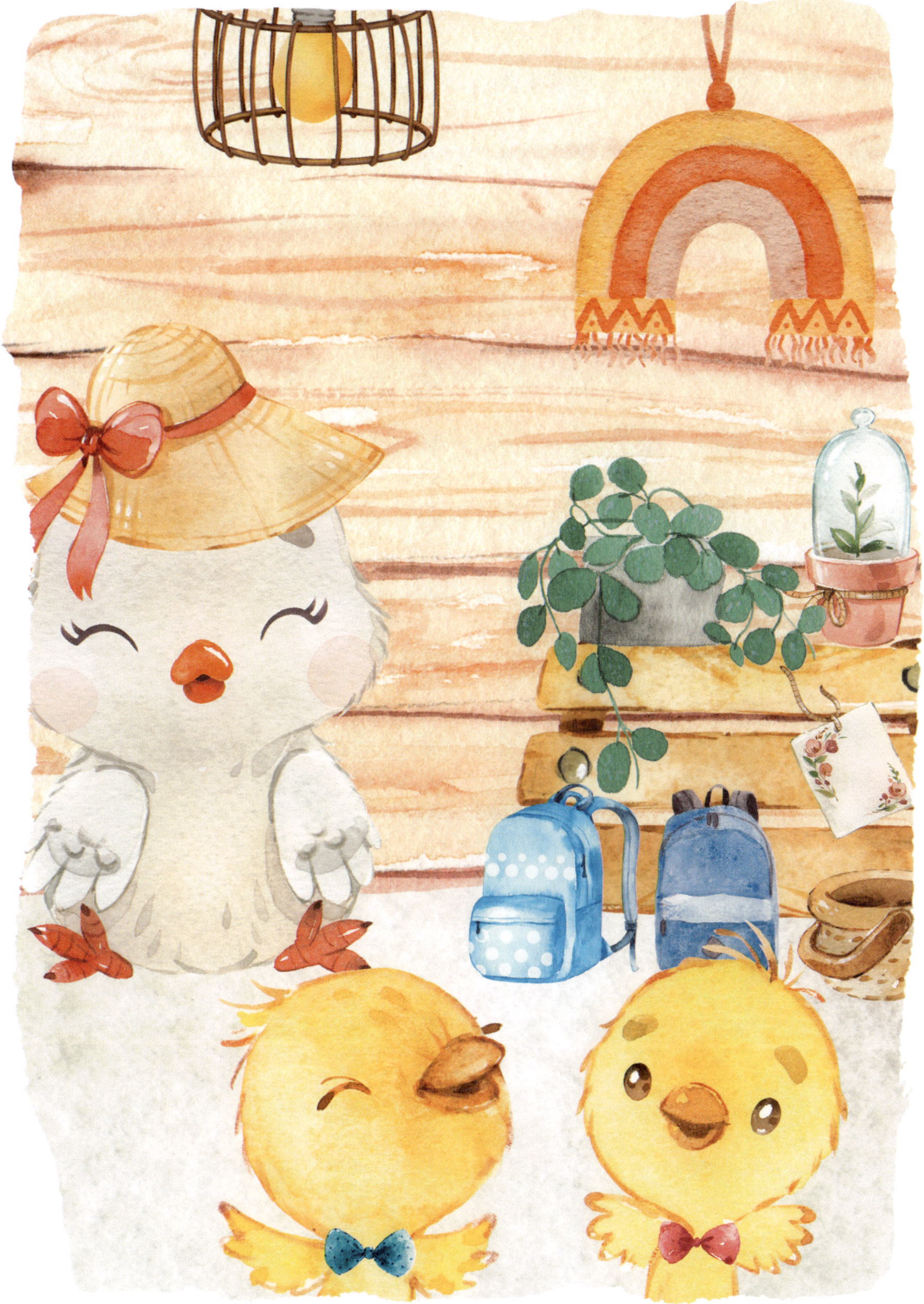

40

zur Eile. Auch der Kükenpapa Gerd will den Schulanfang seiner Schützlinge natürlich nicht verpassen.
Gemeinsam laufen die vier zur alten Scheune neben dem Bauernhof der Familie Sonnenschein, wo heute der Schulanfang gefeiert wird.
Als neue Lehrerin steht die Eule Lea vor der Scheunentür und begrüßt jedes Schultierkind mit einem freundlichen: „Hallo, kleines Schultierkind, schön, dass du da bist!" Daneben steht das Pferd Merlin. Er ist der Direktor der Schule und passt auf, dass alles seine

Ordnung hat.
Als Sigi und Gigi in der Schule
angekommen sind, schauen sie
sich erst einmal staunend um. Sie
befinden sich im Klassenzimmer,
wo sie in Zukunft viel Neues lernen
werden.
Es gibt viele Tische und Stühle, aber
auch etliche unbekannte Dinge, von
denen sie nicht gleich wissen, was das
alles ist.
Doch sie müssen nicht lange im
Ungewissen bleiben, denn die Lehrerin
Lea fliegt wenig später nach vorne
und ruft: „Alle Eltern stellen sich
bitte links an der Seite auf. Die
Schultierkinder suchen sich einen

Herzlich Willkommen!
Ich bin Lea.

Platz an einem der Tische."
Erst will sich Sigi neben Gigi setzen, doch das Küken stürmt schon freudig auf den Platz neben dem Kätzchen Tiger zu. Das hätte sich Sigi denken können, schließlich sind die beiden unzertrennlich und waren schon im Kindergarten beste Freunde.
Zum Glück hat Sigi ja auch einen besten Freund — und der Platz neben dem Schweinchen Karl ist noch frei. Also setzt sich Sigi rasch daneben und grinst seinen besten Freund glücklich an.
Im selben Moment weiß er, dass jetzt eine großartige Zeit beginnt.
Er fühlt es einfach, denn eine Welle

45

46

der Freude überströmt ihn tief aus seinem Herzen heraus.
Sobald alle Schultierkinder sich gesetzt haben, beginnt die Lehrerin Lea, alles zu erklären: „Willkommen in eurem Klassenzimmer! Schön, dass ihr alle einen Platz gefunden habt. Hinter mir steht die Tafel. Hier werde ich alles, was wichtig ist, aufschreiben. Alle Blicke sind bitte immer zur Tafel gerichtet, damit ihr nichts verpasst.
Und jetzt teilt der liebe Herr Direktor Merlin bitte einmal die Stundenpläne aus." Sigi beobachtet, wie das Pferd Merlin jedem Schultierkind einen Zettel in die

Hand drückt.
Als Sigi seinen eigenen Stundenplan in den Flügeln hält, schaut er diesen interessiert an. Dort sind in mehreren Spalten verschiedene Symbole aufgedruckt. Die Lehrerin Lea erklärt: „Das Büchlein steht für Deutsch, die Zahlen für Mathe, der Fußball für Sport und die Gitarre für Musik. Diese Fächer habt ihr mehrmals in der Woche und ihr werdet in jedem Schulfach eine Menge lernen." Sigi lächelt. Sport wird sein liebstes Schulfach, das weiß er jetzt schon. Denn Fußball spielt er unheimlich gerne!
Schon fährt die Lehrerin Lea mit

ihrer Ansprache fort: „In der Schule ist es wichtig, immer pünktlich zu sein. Sonst verpasst ihr etwas und kommt bald nicht mehr mit.
Denkt daran, eure Stifte regelmäßig zu spitzen und packt alle Hefte und Bücher, die ihr für die Schulfächer braucht, in eure Schultasche ein.

Wenn ihr Fragen habt, dürft ihr immer zu mir kommen oder euch melden. Ich helfe euch jederzeit gerne! Ansonsten gilt, was auch im Kindergarten schon wichtig war: Gebt aufeinander acht, seid freundlich und helft einander, wo ihr nur könnt.

Und nun habe ich auch genug geredet, jetzt darf sich jedes Tierkind vorne seine Schultüte abholen."
Nacheinander ruft die Lehrerin Lea alle Schultierkinder auf.
Diesmal muss Sigi nicht bis zum Schluss warten. Freudestrahlend läuft er nach vorne und nimmt seine riesengroße Schultüte entgegen.
Sie ist dunkelblau mit sehr vielen Fußbällen darauf.
Und obwohl Sigi noch nicht lesen kann, erkennt er doch, dass seine Mama seinen Namen darauf geschrieben hat.
„Für deine Schulzeit wünsche ich dir nur das Beste", sagt die Eule Lea

freundlich und lächelt Sigi an. Vor Stolz fast platzend stellt sich Sigi mit seiner Schultüte neben Gigi. Seine Eltern klatschen begeistert in die Flügel.

Auch sie sind ganz aufgeregt und nehmen Fotos von ihren beiden Kükenkindern zusammen mit den Schultüten auf.

Für heute ist die Schule aus. Alle Tierschulkinder gehen mit ihren Familien nach Hause. Dort können es Sigi und Gigi kaum erwarten, endlich ihre Schultüten auszuleeren. Was dort wohl alles drin ist?

Im Stall drehen sie ihre Schultüten um und lassen den Inhalt

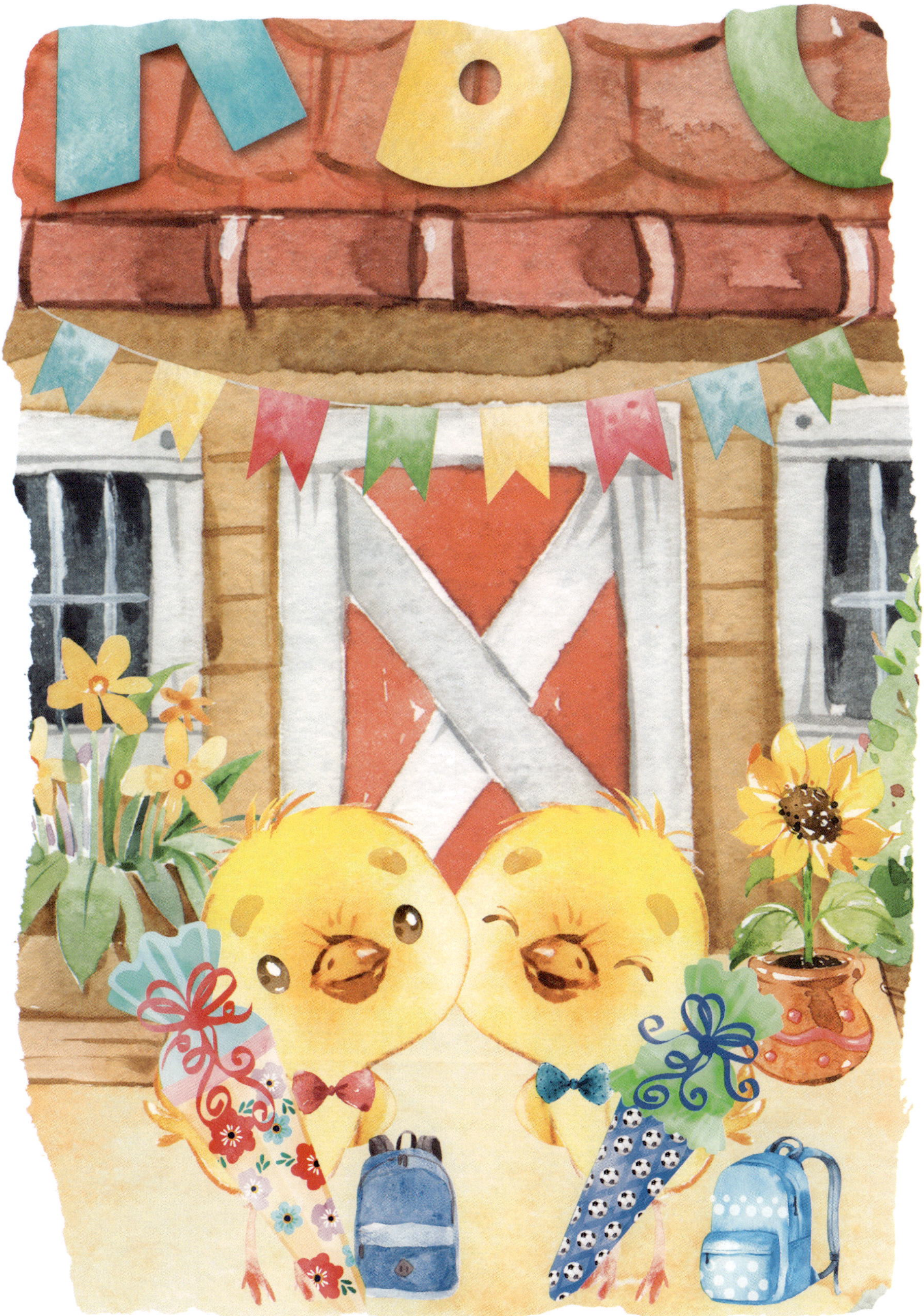

54

herausfallen. Beide Kükenkinder bekommen riesige Augen und staunen. Zum Vorschein kommen eine Brotdose, eine Trinkflasche, ein Turnbeutel, Malstifte, eine Schere, ein Lineal, Kleber, ein Teddybär als Glücksbringer und ein paar Süßigkeiten.

An diesem Abend sind Sigi und Gigi noch lange damit beschäftigt, die Süßigkeiten zu naschen, ihre Geschenke auszuprobieren und ihre Schultaschen zu packen. Denn die beiden Kükenkinder freuen sich natürlich schon riesig auf den nächsten Tag – ihren allerersten richtigen Schultag.

SCHULE MACHT SPASS!

Ein paar sehr spannende Wochen Schule liegen nun hinter Sigi und Gigi. Sie haben schon so viel Interessantes gelernt und sich mit den anderen Schultierkindern angefreundet. Sie sind nun richtig wissbegierige Schulkükenkinder geworden und können es sich nicht mehr vorstellen, wieder in den Kindergarten zu gehen.
Nun stehen die Herbstferien vor der Türe. Zwar freuen sich die beiden Kükenkinder auf die Ferien, weil sie endlich wieder länger schlafen können, aber sie sind auch fast ein

57

bisschen traurig. Jetzt können sie erstmal ein paar Tage nicht in die Schule, dabei haben sie dort immer

so viel Spaß. „Unsere Lehrerin Lea ist einfach die Beste", stellt das Küken Gigi fest, als es gemeinsam mit seinem Bruder zu Hause ankommt.
„Da hast du recht. Sie weiß einfach so viel und hat auf jede Frage eine Antwort", stimmt Sigi zu.
„Was wollen wir in den Ferien anstellen?", fragt Gigi.
Da muss Sigi gar nicht lange überlegen. Sie haben in der Schule viele neue Freunde gefunden, mit denen sie sich auch gerne nach der Schule zum Spielen treffen.
„Wir müssen auf jeden Fall mit unseren Schulfreunden eine Schnitzeljagd im Wald machen, oder

was meinst du?"
Dieser Vorschlag gefällt Gigi. „Das ist eine großartige Idee! Und wie wäre es mit einem Ausflug zum See?
Wir könnten ja auch ein paar unserer alten Kindergartenfreunde fragen, ob sie mitkommen möchten."
Sigi nickt begeistert.
Nun haben es die beiden stolzen Schulkinder eilig.
Sie wollen noch schnell ihre Hausaufgaben erledigen, damit sie alles fertig haben, wenn die Schule nach den Ferien wieder beginnt. Und auf diesen Tag freuen sich die beiden schlauen Kükenkinder jetzt schon.

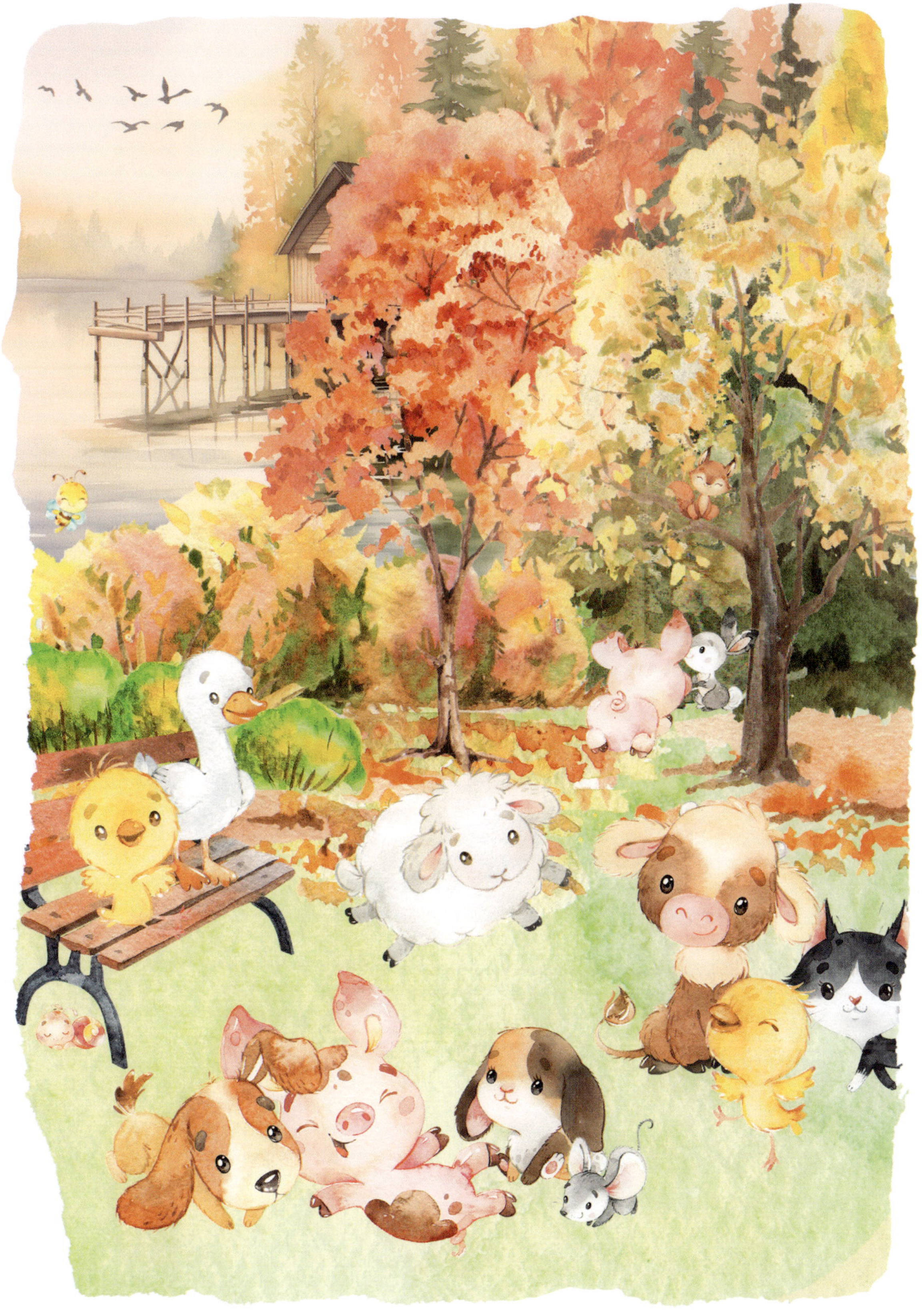

Ausmalseiten

Gigi benötigt deine Hilfe!

Die Farben sind verschwunden. Bitte hilf ihm und male die Motive in deinen Lieblingsfarben mit Buntstiften an.

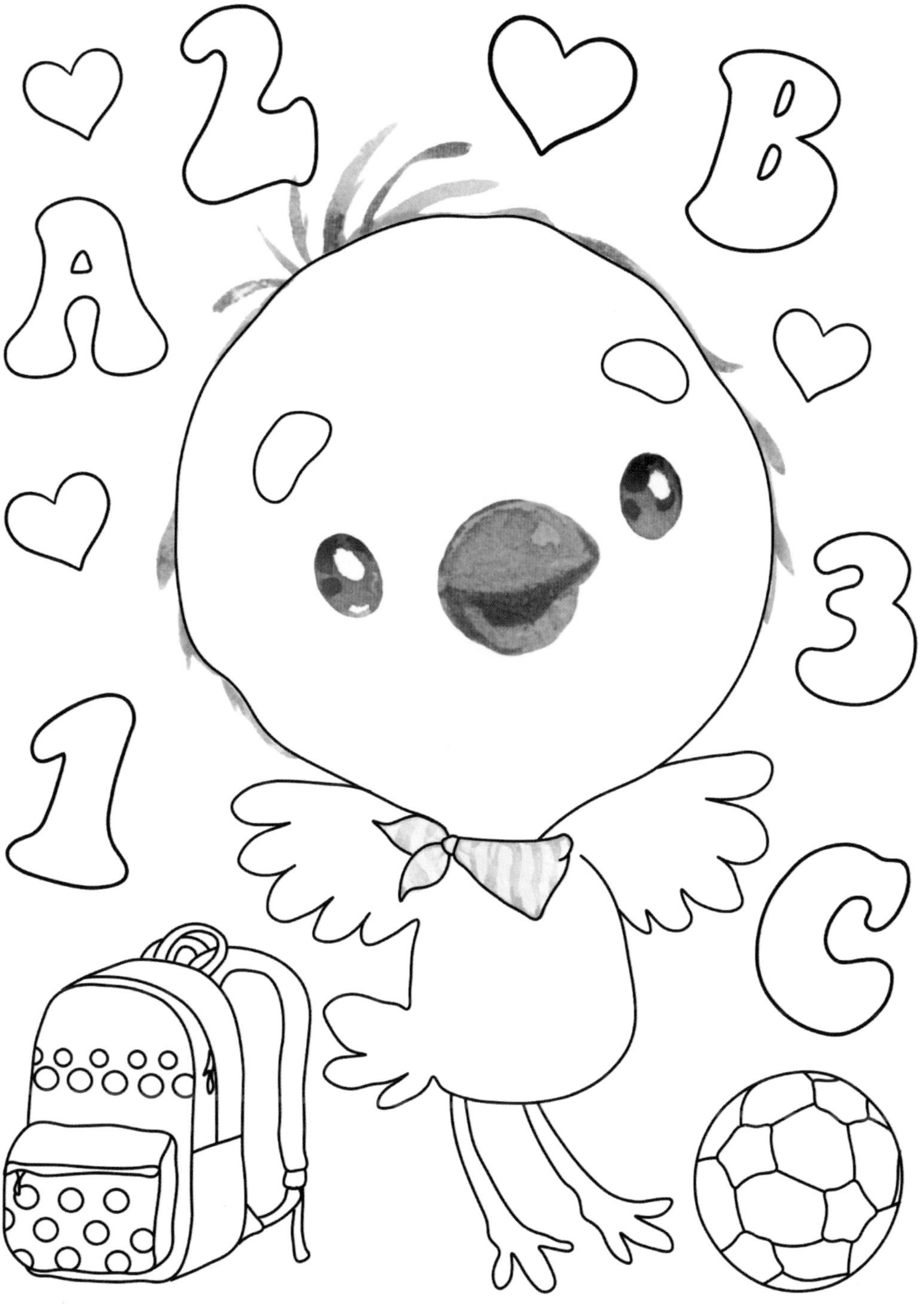
A
2
B
3
1
C

65

A B C D
E F G H I
J K L M N
O P Q R
S T U V
W X Y Z

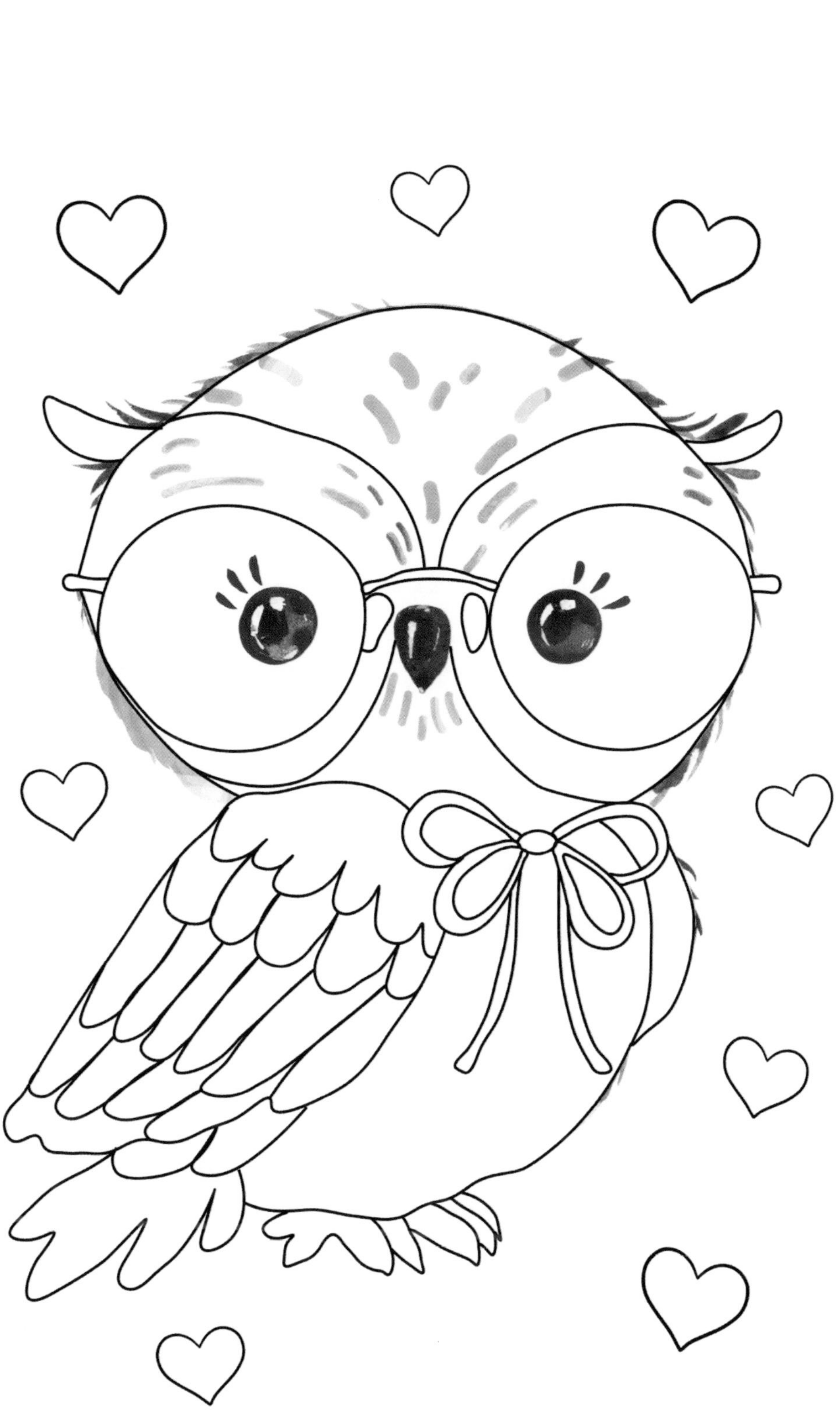

68

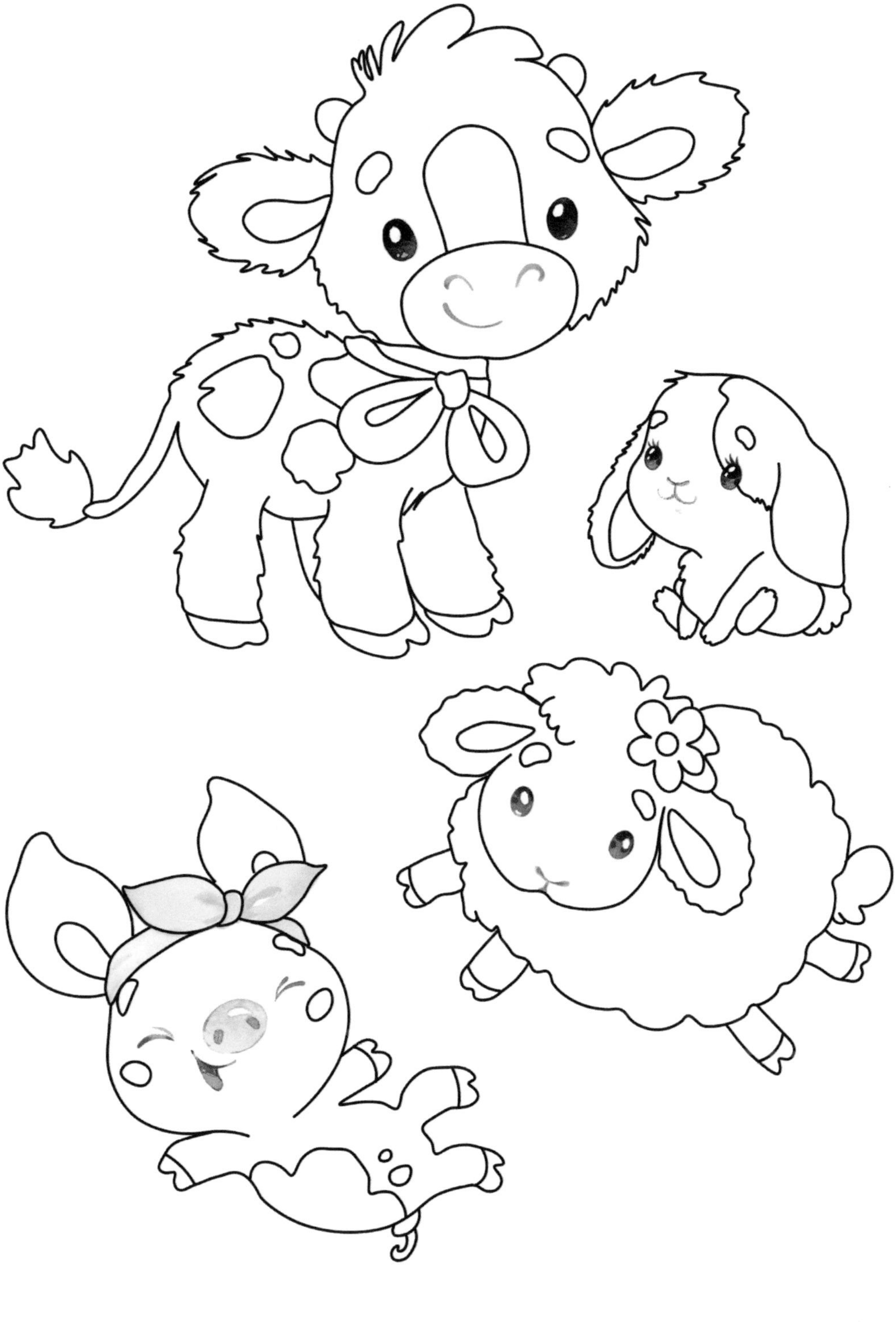

Hat dir das Buch gefallen?

Ich würde mich sehr über eine Rezension freuen.

☆☆☆☆☆

Schreibe mir gerne per Mail, wenn du Wünsche, Kritik oder Anregungen für mich hast: info@barbaralachner.at

Melde dich gerne zu meinem Newsletter an!

QR-Code einscannen:

https://barbaralachner.at/newsetter

Tierische
Schatzsuche im Meer
Eine Geschichte über die Kraft der Freundschaft
Barbara Lachner

Tierische
Karottensuche im Wald
Eine Geschichte über Hilfsbereitschaft und Dankbarkeit
Barbara Lachner

Erstlesebuch und lehrreiches Vorlesebuch
ab 4 Jahren
Die Honigbiene Emma
Woher kommt der Honig und warum sind Bienen so wichtig?

Tierische
Weihnachten
Eine Adventgeschichte in 24 Kapiteln
Barbara Lachner

Kennst du schon die Bastelbücher?

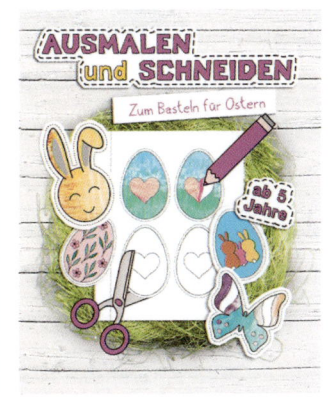

Ausmalen und Schneiden

„Märchen für Kinder"
„Sommerspaß für Kinder"
„Dankeskarten für Mama basteln"
„Weihnachten für Kinder"
„Zum Basteln für Ostern"

Dein Kind kann sich mit vielen schönen unterschiedlichen Motiven kreativ austoben. Die Bücher sind eine ideale Beschäftigung für spezielle Anlässe oder einfach für Zwischendurch.

Mag. Barbara Lachner
Autorin, Berufsfotografin und Zwillingsmama von insgesamt 3 Söhnen.

Mir sind die schönen Momente rund um meine Kinder und Familie sehr wichtig. Geht es dir auch so? Dann findest du bei mir unter anderem diese Bücher:

Mit meinem Buch „Babys und Kinder mit dem Smartphone fotografieren" zeige ich dir, wie du deine Lieblinge mit dem Handy schnell und professionell ablichtest. Schließlich ist es jede Erinnerung mit deinem Schatz wert, festgehalten zu werden.

Eine schöne Kuschel- und Vorlesezeit bietet dir mein lehrreiches Erstlesebuch: „Die Honigbiene Emma: Woher kommt der Honig und warum sind Bienen so wichtig?"

Meine Ausmal- und Bastelbücher bieten eine kreative Beschäftigung für glückliche Kinder.

An den Notizbüchern und Tagebüchern der „Mama-Baby-Serie" haben auch die Kleinen ihre Freude und können nach Lust und Laune darin malen und zeichnen. Du kannst aus vielen liebevoll gestalteten Motiven wählen und darin die Meilensteine und wunderschönen Momente mit deinen Kindern niederschreiben und für immer festhalten.

Diese Bücher eignen sich auch perfekt als Geschenk für Mamas bzw. bereits in der Schwangerschaft. Zusätzlich arbeite ich gerade an vielen weiteren Büchern für dich und deine Familie. Ich halte dich auf dem Laufenden. Melde dich gerne dafür zu meinem Newsletter an.

Entdecke auch die anderen liebevoll gestalteten Bücher

von Barbara Lachner!

QR-Code einscannen:

ISBN 978-3-903420-26-7
1. Auflage 2023
© Mag. Barbara Lachner
Alle Rechte vorbehalten.
Lekorat: Mag. Sabine Wolfgang
Schrift: Grundschrift von Christian Urff

Kontakt:
info@barbaralachner.at
Am Freihof 16, 1220 Wien

www.barbaralachner.at

Printed in Poland
by Amazon Fulfillment
Poland Sp. z o.o., Wrocław
24 July 2023

ecc11eee-17e6-4196-9ee5-ba8da0098739R02